Relaciones

Relaciones

Vivir en armonía

Julio Bevione

EDITORIAL
PAX
MÉXICO

Editorial Brujas

❧

Título de la obra: *Relaciones. Vivir en armonía*

COORDINACIÓN EDITORIAL: Matilde Schoenfeld
PORTADA: Carlos Varela
DIAGRAMACIÓN: Ediámac

© 2006 Editorial Brujas
© 2011 Editorial Pax México, Librería Carlos Cesarman, S.A.
    Av. Cuauhtémoc 1430
    Col. Santa Cruz Atoyac
    México DF 03310
    Tel. 5605 7677
    Fax 5605 7600
    www.editorialpax.com

Primera edición en esta editorial
ISBN 978-968-860-990-3
Reservados todos los derechos
Impreso en México / *Printed in Mexico*

Vivir es fácil,
simple y abundante

Las relaciones nos definen. La relación con nuestros padres comenzó a moldear nuestra personalidad. Luego, la escuela y la religión que hayamos practicado se convirtieron en los pilares con los que fuimos definiendo nuestras prioridades para relacionarnos. Más tarde, la familia y los amigos nos fueron mostrando fuera de nosotros, como en un espejo, el mundo que habíamos creado en nuestro interior. *De esta manera, las relaciones nos siguen definiendo y también nosotros vamos definiendo a otros al relacionarnos.*

Éste no es un juego de víctimas y victimarios, sino más bien un encuentro donde dos energías —sean personas, situaciones o lugares— se reflejan para poder mostrarse mutuamente aquello que solas, por separado, no podrían ver. Las relaciones nos ayudan a ver afuera nuestro mundo interno, dejan al descubierto nuestras partes oscuras y las que siguen a media luz. Y como ambos somos parte de la relación, cuando modificamos nuestra energía, la otra parte no demora en mostrar el cambio que hemos realizado. Ésa es la razón por la que nos relacionamos y cuando la entendemos de esta manera no podemos verlas sino como un regalo, o como maestros que llegan a enseñarnos algo de nosotros mismos. Cuando convocamos energéticamente a que alguien llegue a nuestra vida, su aparición viene a ofrecernos una oportunidad más para mirarnos por dentro, pero desde afuera.

En cuanto a las parejas, todos tenemos, en alguna medida, un ideal de la persona que deseamos encontrar y un tipo de relación que queremos tener. Pero hasta que no renunciemos a buscar ese ideal y aceptemos honestamente nuestras posibilidades en este momento, nos mantendremos frustrados porque nos parecerá que somos incapaces de crear esa experiencia.

Cuando estamos en una pareja, esta sensación de no llegar al ideal está siempre presente. No sentimos la relación como una experiencia completa. Cuando llegamos a este punto es el momento de darnos cuenta que, muchas veces, estamos persiguiendo un formato de relación que fue edulcorado con el cine, la lista de la pareja ideal de un libro, con nuestras historias familiares o los consejos de los demás, pero no fue un guión escrito para la relación que estamos viviendo.

ॐ

Y como cada relación tiene su propia identidad, hasta que no desistamos a perseguir el sueño de otros y nos dediquemos a crear una historia nueva para nuestra relación, no podremos superar esta angustia constante de sentirnos insatisfechos.

❧

El miedo es un ingrediente inevitable de nuestra vida. *Podemos evitar de alguna manera conectarnos con el amor, dejarlo dormido en nuestro corazón, encerrado. Pero el miedo no es una opción en esta dimensión donde hemos encarnado.* De hecho, es la primera energía que recibimos al momento del nacimiento cuando somos removidos del cómodo lugar donde nos fuimos desarrollando por nueve meses para que, de un momento a otro, alguien, que no es nuestro padre, nos presente el mundo sin dejar más opción que enfrentarlo.

Y así decidimos hacer nuestra primera inhalación y conocimos el miedo…

Ese primer encuentro con la vida es la raíz de nuestros miedos, los que iremos aumentando, dándoles validez, clasificándolos y ordenándolos hasta hacerlos reales y aceptarlos como nuestra identidad.

El temor a quedar atrapado en las relaciones, por lo que nos resistimos al compromiso, la resistencia a dejar marchar a una persona, a recibir amor o no animarnos a pedirlo, la imagen personal y hasta la ansiedad con que nos relacionamos suele tener su razón base en ese primer pensamiento con que llegamos a la vida. Y así, vamos atrayendo a las personas que nos irán mostrando esos miedos.

Al principio, hasta que nos vamos haciendo más conscientes, las relaciones que vamos estableciendo deberían llamarse ¡relaciones de miedo! Y es que si no estamos conscientes de ellos terminaremos atrayendo a alguien para experimentarlos hasta darnos cuenta que eso que tanto tememos de los demás está en nosotros.

ℰ↷

A medida que los vayamos descubriendo, conociéndonos mejor, ya no necesitaremos que nada externo venga a sostener aquello que hemos decidido conscientemente reconocer, dejar de alimentar y finalmente liberar.

ℰ↷

Clave de apoyo

Así como nos tratamos, los demás nos tratan. Ésta es una verdad metafísica que no resulta muy difícil de entender en cuanto comenzamos a hacernos conscientes de nuestros pensamientos. Lo que nos dicen, es lo que internamente nos decimos. Lo que recibimos, es lo que internamente hemos sentido que merecíamos. El desafío es verlo antes adentro, para luego entenderlo afuera. O dar el paso de sanarlo y desdibujarlo de nuestro espejo.

Silénciate y permítete escuchar de tu mente las opiniones que tienes sobre ti mismo. No las que dices en voz alta, sino las que están detrás de lo que dices, escondidas, que no te animas a sacar a la luz.

Cuando decimos que somos fuertes, si nos escuchamos más profundo, quizás podríamos escuchar una vocecita con mucho miedo a enfrentar algo determinado o la vida en general. Eso que dice esa voz, solo aumenta su sonido al salir de la boca de otra persona, para que la puedas escuchar, ya que tú te estás negando a prestarle atención o simplemente no estás habituado escucharla. Hemos aprendido a escuchar solamente con nuestros oídos y todo lo demás, o no lo prestamos atención o no le damos veracidad. Cuando esto sucede, ese guión está creando alguna situación que está resultando incomoda pero que no puedes cambiar, porque piensas que alguien, y no tu, es el responsable.

Toma tu tiempo. Esto no es algo que ocurrirá de un día para otro. Ve poco a poco prestando más atención. Escribe durante varios días lo que vaya surgiendo de los momentos de silencio. Escucharás aprobación para algunas cosas y condena para otras. Hasta es posible que logres establecer un patrón de pensamiento si buscas una lógica entre todo lo que has escrito.

Mantén una libreta contigo y cada vez que puedas detenerte y hacer silencio, escúchate. De esta manera podrás entender que lo que se dice a tu alrededor, es sólo un eco de lo que está en ti, que suena más fuerte.

Así como la luz deja al descubierto lo que la oscuridad esconde, *Un curso de Milagros* dice que la energía del amor saca afuera, libera lo que no es amor.

Ante la llegada de una persona con quien vamos a compartir un tiempo de esta vida, que está dispuesta a ofrecernos amor, salen a la luz todos nuestros miedos.

Puede que no suceda en primera instancia, porque el proceso del enamoramiento, que ocurre en todas las relaciones, desde un trabajo, un lugar o una persona, nos mantiene adormecidos viendo en el otro lo que posiblemente no esté allí. Literalmente, vemos una ilusión. Esto no es amor, sino apenas un simple encantamiento que como no es verdad, tendrá un final. Porque tarde o temprano al dibujo que habíamos hecho sobre la otra persona o alguna situación se le quiebra una puntita y vamos descubriendo que, debajo, había algo más por revelar.

¡Y ése es el momento en que aparece la energía del amor! Cuando sabemos que esa persona o esa situación no coinciden enteramente con nuestro ideal y las ilusiones que nos hemos hecho, pero estamos dispuestos a aceptar al otro tal como es y seguir adelante. Pero ése es el momento en que también se despiertan los miedos, que estaban cómodos, instalados y seguros en el momento del enamoramiento. El miedo a ser abandonados, a no ser suficientes o no merecernos esa relación, miedos que quizá ni siquiera identificábamos pero que se muestran a través de la tristeza, la ansiedad, la ira o el dolor.

De todas maneras al amor siempre gana. Ésta es la única batalla que vale la pena emprender porque tenemos garantizado el resultado. Y cuando ganamos, todos ganan, porque nos abrimos al amor, hacia nosotros mismos y la persona que tenemos al frente. Y comenzamos a expandir la energía del amor donde quiera que vayamos.

Ser persistentes en mantener la energía del amor hasta que vencemos la resistencia de los miedos que afloran es lo más importante. Y si bien esos miedos no se irán para siempre, al menos dejarán de ser ellos los que dominen nuestras relaciones.

Clave de apoyo

Si bien cada uno escribe su propio guión y esto impi-de que haya una solución para todos, sí hay un pa-trón en el contacto con los miedos ante la llegada del amor: la ira. Terminamos siendo más duros con las personas que más amamos. La ira parece ser el primer formato que toma el miedo cuando comienza a li-berarse, asustado ante la llegada del amor. Por eso man-tente atento a esos momentos de ira recordando que:

- La ira que sientes no es consecuencia de lo que la otra persona está haciendo o diciendo, sino de la resistencia natural de tus miedos a soltar el control de tu vida –y tus relaciones–. En conse-cuencia, no alimentes el argumento de culpabi-lidad que tu ego escribirá en segundos.

- Moviliza la energía. El miedo es muy denso y tiende a paralizarnos, se siente pesado y caemos en emociones, palabras y actitudes idénticas a su energía. Mantente atento a cuando el mie-do aparece –lo reconocerás en tus emociones o tus actitudes– y en ese momento sal a caminar, siéntate a hacer respiraciones profundas o busca un lugar de silencio donde puedas atestiguar tu resistencia. Y no te enjuicies, ni te critiques, ni analices lo que está ocurriendo. Simplemente atestigua lo que sientes y respira hasta sentirte mejor.

- Si la ira persiste busca canalizarla de una manera que no te afecte a ti, ni a tu entorno. Realiza algún deporte de alto impacto, corre hasta el cansancio, baila enérgicamente o canta. Pero busca la manera de liberarla. Recuerda que el contenido que le has dado no es real. Lo que realmente ocurre es que has despertado la vieja energía de miedo que busca salir. Y no es necesario entenderla, simplemente ¡dejarla salir!

- Busca alguien a quien confíes y háblale de todo lo que sientes. Es importante que lo hagas con una persona que pueda ver tu vida con más claridad de lo que la estás viendo en ese momento. Puede ser un terapeuta o simplemente un amigo. No esperes que la otra persona te brinde una solución, herramientas y menos que te de la razón. Pídele, simplemente, que te escuche.

Cómo podemos reconocer a una relación basada en el miedo

- Sentimos que el amor que recibimos nunca es suficiente y que dependemos de ese amor para ser felices.

- Hay una continua necesidad de superar al otro, compitiendo y manipulando.

- Tenemos miedo a estar solos o a sufrir por el abandono.

- Somos celosos y posesivos en algún nivel. Buscamos la exclusividad del amor de esa pareja, esperando recibir más amor que otros y compitiendo con ellos. Ya sea el resto de la familia o los amigos.

- El sexo y el cuerpo son la base de la atracción.

- La evolución de la relación depende de los cambios que el otro haga.

- Busca que el otro lo complazca, sin preguntarse si eso es lo que el otro realmente desea. Espero recibir y me cuesta dar.

- El amor es condicional. Te quiero si…

- Drama y sufrimiento en la vida cotidiana.

- Negación a la introspección, la búsqueda de Dios o la espiritualidad.

La verdad trae consigo la energía del amor, la mentira sostiene la del miedo. Si lo tenemos claro, y queremos avanzar en una relación amorosa, no daremos lugar a ninguna mentira, incluso la que creamos conveniente y le demos forma de secreto.

Hemos asumido que la mentira puede darnos alguna ganancia, por eso mentimos. Y pensamos que podremos conservar o recibir más amor si las usamos.

De niños, hemos visto cómo los mayores se protegían diciendo mentiras y muchas veces nos han autorizado a las famosas mentiras piadosas que las incorporamos como un elemento constructivo para nuestra vida, como una forma de protegernos. Y esto no es necesariamente así.

❧

Es cierto, las mentiras nos ayudan a mantener provisoriamente el control, pero tarde o temprano aparece la verdad y como un tsunami se lleva todo lo que habíamos creado.

❧

O para mantenerla, la seguimos alimentando con el miedo que termina por intoxicarnos las emociones y el cuerpo hasta enfermarnos.

ᢴ

Cuando decimos una mentira, siempre estamos ocultando el miedo a ver la verdad. Y enfrentar esa verdad nos libera del miedo.

ᢴ

Lo que guardamos por miedo, termina por envenenarnos. Cuanto antes podamos expresarlo, más rápido nos liberaremos del miedo que esa historia nos trae. Muchas veces, sólo estamos manteniendo una mentira que hemos creído verdad sobre nosotros mismos y al guardarla como secreto sólo la alimentamos. Al expresarla, le ponemos luz y nos damos cuenta de la verdad.

Cuando escucho las quejas que se hacen en las parejas, una de las que más se repite es la pérdida de confianza. Esconder información que consideramos de poca importancia como dinero, salud o problemas en relaciones familiares, también amenazan las relaciones. Muchas veces, incluso luego de una separación, hay parejas que mantienen las heridas abiertas por lo que no se dijo en su momento o no se dijo nunca.

Aunque hayamos aprendido que la verdad pue-
de traernos más problemas, que es mejor no de-
cirla o alcanza con disfrazarla, lo cierto es que la
verdad, porque es amor, sana cualquier herida.

Por eso, busca la manera más amorosa de hablar de lo
que te preocupa, de lo que no te gusta o de lo que no se
siente bien. Pero exprésala. Y cuanto antes, mejor.

Clave de apoyo

Muchas veces, a los pensamientos tóxicos no los identificamos como mentiras, pero son pensamientos que quedan guardados cubiertos de miedo de ser expuestos. Y decimos otra mentira para protegerlos, hacerles un cerco y no permitir que nadie, inclusive nosotros mismos, les demos una mirada. Esos pensamientos contaminan las relaciones.

Para evitar que esto suceda, practica el sinceramiento periódico con las personas que amas. Desahogarnos, con respeto y cuidado, en las relaciones más significativas, nos permite mantener la frescura que deseamos respirar en nuestro entorno.

En su momento, de la forma más amorosa que puedas, dilo.

Cuando no hemos resuelto en armonía los pendientes con nuestros padres, las parejas se transforman en meros reemplazos de ellos y seguimos creando el mismo tipo de relación.

Con ellos, o quienes ejercieron el rol materno y paterno en nuestra infancia, fuimos aprendiendo a definirnos. Y lo más probable es que haya alguno o muchos rasgos de sus personalidades que hemos heredado. Especialmente lo que hoy nos molesta tanto de ellos, son sombras que siguen en nosotros. Pero lejos de asumir la responsabilidad de cambiar, gastamos esa energía que nos alcanzaría para transformarnos haciéndolos culpables. Y comenzamos a enumerar lo que no nos gusta de nuestros padres y la pareja…

 relative

Debemos entender que es nuestra responsabilidad revisar la herencia energética de nuestros antecesores, manifestada a través de las creencias, estilos de vida o actitudes, que hoy se manifiestan tanto en nuestra personalidad como en la forma que nos relacionamos.

relative

He visto como, en muchas oportunidades, nos vengamos de nuestros padres con las parejas, o los jefes, o los amigos, sin animarnos a dar el paso para cortar la cadena de temor.

Especialmente cuando no nos hemos sentido apoyados por nuestros padres, aunque no haya sido realmente así, sino nuestra percepción, atraemos relaciones que nos sigan desaprobando mientras nosotros seguimos haciendo todo lo posible por agradarles. Éste es terreno fértil para las relaciones codependientes, una de las energías más corrosivas en las relaciones.

Clave de apoyo

Es importante liberarte de esa herencia conscientemente para que recobres la energía del presente en tus relaciones. Para eso, puedes ayudarte con una pequeña ceremonia que simbolice este corte de lazos.

Trae a tu mente la imagen de tus padres o las personas con quienes compartiste los primeros años de tu vida. Reconoce lo que no se siente cómodo en ti –actitudes, formas de ver la vida o alguna forma de miedo– y busca de quien recibiste esa herencia. Al "sentir" a los mayores podrás ubicar esa energía en uno de ellos. Devuélvesela, agradeciendo y reconociendo que inconscientemente la habías hecho propia, pero que ya no te pertenece.

Puedes representarlo con algún objeto, una piedra o un papel si fuera necesario. Lo más importante es que experimentes la partida de esa energía de ti y la devolución a tu ser querido. Finalmente, abrázalos y siente cómo, de todas maneras, tienes su amor y aprobación.

Cuando queremos realmente volver a empezar, es necesario purificar el pasado. No solamente los recuerdos aún vivos de nuestras primeras relaciones importantes, sino las últimas que aparentemente hayan finalizado –la distancia física no necesariamente indica el final de una relación–.

Por las puertas que quedaron abiertas en el pasado se escapará la energía que necesitamos para crear algo nuevo en el presente. Y en esto juega un rol fundamental el perdón. Aceptar lo que pasó, como pasó, reconociendo los errores, pero sin cargar con culpas, propias o ajenas, es el paso decisivo para recomenzar con nuevas posibilidades.

Volver a empezar requiere, antes que todo, cortar con el pasado.

Clave de apoyo

El pasado necesita de tu energía para sostenerse. Lo que ha pasado ya no existe, pero cobra realidad en el presente si lo sigues alimentando. La energía del miedo no puede vivir por sí misma, porque no es verdad. Pero cuando piensas, hablas o haces algo para mantener vivo el pasado es que recobra vida. Entonces, debes revisar que continúas haciendo en el presente para que el pasado siga teniendo valor.

Observa lo que dices, lo que haces y lo que piensas e identifica de qué manera sigues alimentando lo que pasó y no deseas que se perpetúe.

Cuando lo identificas, cuando te das cuenta, se hace inevitable soltarlo y espontáneamente renuncias a seguir sosteniendo ese pensamiento.

Somos amor y nos movemos por la vida dándolo o pidiéndolo. Cuando recordamos quienes somos lo ofrecemos, cuando nos olvidamos quienes somos lo pedimos.

Cuando alguien está enfadado deberíamos entender que nos está pidiendo desesperadamente amor. Y si lo atacamos, lo rechazamos o le devolvemos su misma energía no sólo estamos aumentando su enojo sino que además nos sumamos a su energía, perdiendo nuestro bienestar. Y así vamos construyendo el mundo que tenemos, donde una mayoría anda pidiendo amor y recibiendo más desamor, por lo que la rueda sigue dando vueltas.

∽

La ternura y la compasión son elementos esenciales que la energía del amor necesita para manifestarse.

∽

Clave de apoyo

Cuando alguien te pida amor "de una manera poco amorosa", ten en cuenta:

- No ofrecer la misma energía. La otra persona ya tiene suficiente dolor para recibir más de lo mismo. Busca compensar su energía con lo opuesto. Y la ternura puede ser un buen punto de partida.

- Ofrécele ayuda. Hacerle saber que no estás dispuesto a jugar el juego del miedo pero ofrecerte a ayudarlo a ver una nueva posibilidad es la apertura que la otra persona necesita. Quizás no la tome en ese momento, o no la tome de ti, pero al menos ya comenzó a recibir lo que está necesitando: atención. Ofrecerte a escucharlo es una actitud muy valiosa en esos momentos. Escucharlo con compasión, sin juicios, sólo con tu presencia y toda tu atención.

- Si no puedes ofrecer nada de esto, tienes la posibilidad de dar media vuelta y no responder. Si la actitud de la otra persona tocó la tecla del dolor en ti y te provoca gritar, enojarte u ofrecer otra cosa que no sea amor, mejor retírate antes de caer en su mismo error. Pero hazlo conscientemente, reconociendo que estás haciendo lo más amoroso que puedes en ese momento. En este caso, hacer nada es válido.

Si bien las relaciones son la escuela del amor, donde aprendemos a amar y a sortear las dificultades que lo impiden, no por esto deben ser de sacrificio. *Si nos sacrificamos para amar, es posible que estemos actuando la versión del amor que hemos aprendido, pero no estemos en contacto con el amor de verdad.*

En las relaciones es necesario hacer renuncias, pero éstas nos llevarán a sentir mayor bienestar y abrirnos a una posibilidad más elevada de amor que vamos a compartir.

Para permitir que el amor florezca en una relación, es necesario que el ego renuncie a dos de sus argumentos favoritos de existencia: la necesidad de tener razón y la búsqueda continúa del placer. Cuando estas son las metas de una relación, no dejamos lugar para el amor.

Si he llegado hasta ti porque puedes suplirme de lo que necesito y pienso que tú me lo puedes ofrecer, no demoraremos en crear caos. Primero, porque nada será suficiente. Y luego, porque en algún momento tu me cobrarás lo que has hecho por mí.

Gratificación instantánea, ya sea emocional, sexual o intelectual, suele ser el propósito por el que nos unimos en la vida. Y por el que final- mente nos desunimos en caos.

Clave de apoyo

Escribe una lista con lo que estás ofreciendo en tu relación de pareja. Hazte consciente de lo que ya estás ofreciendo y comprométete a fortalecer esa lista, ya sea ofreciendo algo más —tolerancia, respeto a sus ideas, compasión, comprensión— o comprometiéndote en profundizar en lo que estás brindando.

Verás que aunque no recibas todo lo que esperas, al enfocar en dar amorosamente encontrarás paz y ésta menguará la ansiedad de estar esperando satisfacción de la otra persona.

Cuando no hemos liberado el pasado doloroso, las relaciones se transforman en una amenaza. Ya no queremos acercarnos a los demás porque un amigo nos hirió, tememos volver a crear una pareja porque pensamos que se repetirá la infidelidad o nos alejamos de nuestra familia pensando que las historias se seguirán repitiendo. Y como el pensamiento es creativo, seguimos creando lo mismo. No porque seamos víctimas de una rueda del destino, sino porque nosotros lo seguimos creando.

Liberarnos del pasado es requisito para una relación amorosa. Pero a veces alcanza con la firme decisión de tener una relación en paz para que espontáneamente nuestros miedos se remuevan. Y aunque retuerzan nuestra voluntad, finalmente se disipan ante la elección consciente de estar en paz, no importa qué, ni quién.

Y es que nuestra intención define las experiencias. Y si nuestra intención es crear una relación amorosa, tarde o temprano eso ocurrirá. Nos será natural desarrollar la comprensión, la paciencia y la aceptación.

Una de las características del miedo es el apuro. *El ego sabe que si todo ocurre con rapidez no podremos usar el discernimiento.* Por eso, el amor nos recuerda que al abrirnos a una experiencia amorosa, debemos ir lento, pausados, paso a paso. *Cuando nosotros no podemos discernir entre lo real y lo ilusorio, el tiempo lo hace por nosotros.*

Y como no siempre estamos tan atentos, es mejor ir lento para que el tiempo vaya haciendo su trabajo.

El fuego que mantiene viva una relación es el amor que las sostiene. *Tenemos la creencia de que el sexo es el pilar más importante que sostiene las relaciones, pero no es más que una exageración del ego.* Sin dudas, el sexo es un pilar importante, pero la base que lo sostiene es el amor. Quizás esta sea la razón por la que muchas veces el sexo termina siendo una experiencia aburrida en las parejas hasta que el placer mismo desaparece. Sucede que se ha quedado sin la base que lo sostenía.

Y no estoy diciendo que el sexo sin amor es malo o es bueno, simplemente es vacío. Y lo que esta vacío termina haciendo ruido pidiendo ser llenado. Y el ruido se siente con reclamos, enojos o infidelidades, buscando sentir con otro lo que no puedo sentir contigo, pensando que lo que nos falta es mejorar nuestra sexualidad, cuando quizás de lo que no hemos aprendido es a permitir que el amor fluya más fácilmente en la pareja.

El amor le da sentido al sexo. Y no solamente el amor que puedo dar, sino el que me doy. *Para tener una vida sexual sana y disfrutar de ella, necesitamos una buena dosis de amor propio.* Si no tenemos autoestima suficiente, tampoco nos sentiremos suficientes para recibir placer de nuestra pareja.

El sexo, engañosamente, también es una manera de salir a buscar el amor. Por eso es que la pornografía y la industria del sexo son tan exitosas. No deberíamos hacer nada por evitar el crecimiento de esta industria. Alcanzaría con reconectarnos, individualmente, con el amor propio. Esto le sacaría al sexo el velo oscuro con que lo hemos cubierto, de pecado y oscuridad, para transformarlo en una manera más de experimentar el amor.

En su libro Kabbalah y El sexo, Yehuda Berg dice: "El sexo es la forma más poderosa de experimentar la luz del Creador. También es una de las formas más poderosas de transformar el mundo. Los antiguos kabbalistas nos dicen que cuando la tierra se mueve debajo de ti mientras haces el amor apasionadamente, el mundo espiritual también tiembla y se mueve por encima de ti. Esto significa que el sexo tiene un poder que se extiende más allá de la habitación. La kabbalah revela la forma en que nuestros momentos eróticos más intensos resuenan en el cosmos, del mismo modo que una piedra produce ondas expansivas cuando es lanzada sobre la superficie de agua calma".

*L*a culpa nos nubla cuando queremos experimentar el *amor.* Es una de las herramientas del ego para mantenernos atados al miedo. Y por cierto, suele tener tanta coherencia que nos resulta difícil desenmascararla.

La culpa está basada en la creencia de que alguien, nosotros u otra persona, debería haber hecho algo diferente a lo que hizo. *La culpa no hace más que afirmar no solamente que tenemos razón, sino que el hecho de no seguir esa razón merece castigo.*

Claro que no siempre se nos muestra tan claro, muchas veces la razón viene escondida detrás de argumentos tan lógicos como la cultura, la educación que hemos recibido o de los códigos sociales que compartimos. Pero si hay culpa hay miedo. Y si hay miedo hay dolor. Y cuando hay dolor, nos apegamos a él con más culpa. Y así nos quedamos encerrados en esa rueda.

☙

Atrevernos a aceptar que lo que hicimos u otro hizo, estemos de acuerdo o no, es lo que ocurrió, y renunciar a seguir sosteniendo esa energía con nuestros juicios nos libera del dolor que nos produce.

ᛇᛇ

Suele ocurrir que la coraza que crea la culpa es fuerte, muy dura. La hemos ido endureciendo al ejercitarla jugando su juego una y otra vez. Por eso requiere voluntad y mucha comprensión, compasión o una actitud que devuelva la energía del amor.

El juego de la culpa, del que todos participamos, consiste en dos pasos: ataque y defensa. Las dinámicas de ese juego son muchísimas, pero aquí algunas conocidas:

- Te ataco y te defiendes

- Me defiendo porque me atacas

- Me defiendo porque me siento atacado, aunque realmente no me ataques

- Te ataco en defensa propia, como adelanto de un posible ataque

- Como siento culpa, me ataco antes que me ataques

- Nos atacamos y defendemos simultáneamente hasta olvidarnos quien empezó primero

Sin dudas, de esta última es la más difícil de salir porque ninguno se hace responsable de haberlo iniciado, por lo que les resulta difícil decidir quién lo va a terminar. En la mayoría de los casos, se mantiene el juego en nombre de la justicia. Si hay culpa, nada más justo que el castigo. Y una defensa. Y otro castigo, y otra defensa…

He encontrado que el juego de la culpa es una dinámica que sostiene muchas relaciones. La necesidad de jugar ese juego los mantiene juntos. Cuando uno de los dos se rinde o se cansa, esa relación pierde sentido.

Clave de apoyo

Identifica durante un día cuantas veces has tomado una actitud de defensa o ataque. No siempre es obvio. Muchas veces cuando haces un comentario como "Tal persona es una miserable", aunque no estés frente a esa persona, acabas de generar un ataque.

Debes tener en cuenta que ahora más que nunca, todos tenemos acceso a "leer" a las personas con quienes nos relacionamos de una manera energética. Es decir que no necesito estar con esa persona, o que la comunicación sea evidente a través de nuestros sentidos perceptivos, sino que la energía del pensamiento de la otra persona, en este caso un ataque o la resistencia que genera el que se está defendiendo, sea percibida inconscientemente.

Por lo tanto, no sólo debes estar atento a lo que dices, sino a lo que piensas durante ese día.

No modifiques nada, sólo identifícalo.

Lo irás corrigiendo espontáneamente a medida que te des cuenta lo que ese pensamiento de miedo provoca tu alrededor.

El "darse cuenta" es fundamental en el proceso de cambiar los pensamientos. Una vez nos damos cuenta, nos elevamos a un nivel de mayor conciencia y más atención, necesarios para continuar este proceso de liberación de una manera espontánea.

Una vez que hayas identificado este juego en ti, proponte desarmarlo de la manera más rápida: ¡renunciando a seguir jugando! El miedo necesita de dos energías que lo actúen: el que ataca y el que se defiende. En la que sea que estés, renuncia a continuar actuándola.

Las expectativas, los juicios y las asunciones también son formas de ataque que hacen lógico y necesario el castigo. Claro está, la voluntad juega un rol determinante para este final.

La culpa también aparece cuando dejamos que el ego se permita simular al amor, pero usando lo único que conoce: el miedo.

Cuando busco que me quieras, pero no me quieres como quiero, entonces, te hago culpable por no hacerlo, porque lo que haces por mí no es suficiente o porque lo que haces no es lo que espero que hagas…

Si, así es la demencia del ego tratando de sentir amor.

ᘒᕤ

La culpa comienza cuando te quiero hacer cargo de lo que necesito y no me lo doy. Entonces, te lo pido a ti. Pero como lo que conseguiré no será suficiente, más allá de las buenas intenciones y acciones del otro, entonces te culpo.

ᘒᕤ

Y cuando te culpo, te defiendes, atacándome. Y ya estamos en el juego. Un juego condimentado con tanto drama y emociones paralizantes que sólo una fuerte decisión de recuperar la paz puede detenerlo.

∽

Para detenerlo, debo salirme del juego. Debo simplemente renunciar a seguir poniendo mis responsabilidades en ti y no devolverte con otro ataque tu ataque.

∽

Hago silencio, me retiro, respiro profundo... pero me niego a seguir este juego.

Sólo así recuperaré la paz y con ella la claridad de ver que con lo que me puedo dar me alcanza. Y que no te necesito para que me des, sino para compartir lo que descubrí que tengo para dar. Y que lo descubrí dándomelo y dándotelo.

Clave de apoyo

Haz una lista de reclamos. Lo que le reclamas a tu pareja, a tu jefe, a tus padres o a tus hijos. Ten claro lo que le pides a los demás y que no estás recibiendo.

Ésa es la lista que está condicionando tu vida en este momento. Al no recibirlo o al no recibirlo exactamente cómo quieres, sigues poniendo la responsabilidad en ellos ahora en forma de culpa.

Ríndete y comienza a reconocer de esa lista lo que puedes empezar a darte en este momento, con los recursos que tienes. Ya sea atención, más tiempo, palabras amorosas o reconocimiento. Cuando comiences a dártelo, soltarás a quienes habías atado con tu culpa y de seguro comenzarás a dar a otros lo mismo que te das. Porque cuando lo tenemos ocurre el milagro del amor: dejamos de pedir y comenzamos a compartir.

Escuchar a los otros con atención es una actitud amorosa que hemos ido perdiendo por el mal uso del tiempo. "No tengo tanto tiempo, hablemos rápido" o "me lo cuentas después" son actitudes que no permiten que seamos receptivos a lo que el otro realmente necesita.

Es importante que pongamos atención a las personas que necesitan un oído para ser escuchadas y un corazón para ser comprendidas. No necesitamos estar de acuerdo, ni tampoco tener una opinión sobre lo que escuchamos.

෴

Escuchar, estando lo más presente posible, permite que lo que le atormente a la otra persona, comience a despejarse.

෴

Escuchar no sólo es prestar atención, sino mantenernos con una actitud compasiva, libre de ataque o juicios, hacia quien tenemos enfrente.

Una de las razones por lo que los conflictos prevalecen en las relaciones, ya de pareja, de padres e hijos, de empleados con jefes o de compañeros de trabajo, es que no dedican suficiente tiempo, energía y atención a escucharse.

Y como recibimos lo que ofrecemos, seguramente en esa persona tendremos un oído y un corazón abierto para cuando nosotros nos sintamos perdidos.

ᘓᘐ

Escuchar, sin decir nada. Escuchar con el corazón abierto, sólo escuchar.

ᘓᘐ

Mientras el ego nos dice que vayamos a buscar a alguien que llene el vacío en nuestro corazón, también nos recuerda que no podemos confiar plenamente en nadie. Ésta es parte de la locura del ego y la razón por la que caemos en una de sus trampas: los celos.

Primero, buscamos a alguien que cumpla con nuestras necesidades. ¡Y nos enamoramos! Cómo no hacerlo si acabamos de encontrar el tesoro que conseguirá darnos seguridad. Pero automáticamente escuchamos el segundo mensaje: ¡cuidado!... que no puedes confiar en nadie... ¿por qué confiar en esta persona?

✧

Y el ego comienza a hacerse cargo de la relación a través de los celos.

✧

Detrás de esta estrategia, está el miedo a sentirnos abandonados, rechazados o a no merecer amor. Y como ese miedo no se puede sostener con la verdad, comienza a crear fantasmas. Y de tanto verlos, los hace realidad, al menos para su percepción.

Y los celos encuentran su razón.

Hay otro juego de los celos que podemos identificar fácilmente. Ocurre cuando proyectamos nuestra culpa sobre el otro, tratando de hacerlo culpable a él para no tener que sostener esa carga nosotros solos.

Por ejemplo, si tengo pensamientos de infidelidad, si tengo dudas o si estoy haciendo algo que bajo la luz de mi conciencia no se siente ético, lo proyectaré a mí alrededor, especialmente en mis relaciones más cercanas, para evadir sentir el dolor que despierta lo que hago o lo que pienso.

∾

Eso que condeno de los demás, no es sino una proyección de lo que estoy condenando en mí.

∾

Cuando te celo, entonces, estoy sacando mis miedos para ponerlos en tu escaparate, cubriendo tu cuerpo con ellos, para que los demás crean que ese diseño es tuyo.

Pero si escucho mi voz interior, será inevitable escuchar la verdad.

Compromiso para ser la palabra clave para que una relación amorosa se desarrolle en el tiempo y se fortalezca. Pero debemos hacer una salvedad con su significado.

Cuando le escapamos al compromiso, en realidad le estamos escapando al hecho de entrar en una relación de forma obligada, de tener que "rendir cuentas" ante la otra persona, de sentirnos atados, disminuidos o con nuestra libertad amenazada.

De hecho, el diccionario se refiere al cumplimiento de una obligación previamente acordada. Y como ésa es la idea del compromiso, no queda menos que convertir a la relación en una cárcel donde estaremos sometidos a pagar por haber decidido entregarnos con manos atadas en un amoroso acto de buena voluntad... Y claro está, esa versión ha hecho de las relaciones algo claramente temible.

Vamos a reverlo, porque esta palabra y su significado son sumamente importantes en el funcionamiento de cualquier relación.

El compromiso es un acto individual, que nace de mí, en el que me permito confiar, ya sea en una causa, una persona o una religión.

No respondo a una obligación porque nadie me obliga. Soy yo quien decide abrirse al otro y sus posibilidades. El compromiso nace de mi voluntad, es mi decisión y mi responsabilidad. Una vez doy este paso, ofrezco mi energía, mi tiempo, mi talento o mi presencia. Ofrezco lo que tengo y estoy presente con todo mi potencial.

No hay sacrificios en el lenguaje del amor, por lo que el compromiso es un regalo que nos hacemos a nosotros mismos, dándonos la oportunidad de ofrecernos, de entregarnos y de confiar en el otro, lejos de defendernos, escondernos y evitarlo.

Así, cuando me comprometo conmigo mismo a ofrecer la energía del amor, nace una relación.

Nuestra mente pasa el día dictándonos lo que deberíamos hacer. Tenemos una voz que no cesa y a veces nos quedamos esclavizados obedeciéndola. Nos señala que no merecemos lo que estamos disfrutando o nos dice que sí cuando nuestro corazón dice que no. De hecho, a esa voz le encanta oponerse.

Sólo debemos escucharla y hacernos conscientes de ella para tener la libertad de obedecerla o no, reconociendo que no es la voz de nuestro Ser. Es la voz del ego, alimentada por nuestra historia personal y todos sus miedos.

☙

También hay otra voz que debemos saber escuchar. Es la voz silenciosa de lo que no se dice pero está implícito en las relaciones. Esta voz nos relata las expectativas de los demás, lo que esperan de nosotros, los "debería" y los "tendría". Pero esa voz no siempre es verdad.

☙

Conocer claramente las expectativas de los otros es necesario para saber si podremos sostenerlas. Si las asumimos, estaremos actuando para nuestro propio ego y todos sus miedos.

Clave de apoyo

Es importante que periódicamente converses con las personas con las que te relacionas acerca de las expectativas que ambos tienen. No se trata de conformar a los otros haciendo lo que ellos esperan, ni que esperes que los demás cumplan las tuyas. Se trata de un ejercicio de honestidad donde podremos reconocer de antemano si estamos dispuestos o no a comprometernos. Si nos dejamos llevar por nuestra propia voz, sin corroborarlo con la otra persona, estaremos en una carrera sin final de desilusiones y fracasos. La honestidad al comunicarnos y el interés por escuchar lo que la otra persona realmente nos está diciendo permiten que el amor fluya más fácilmente en la relación.

Cuando desarrollamos un camino espiritual comprometido, nos aseguramos relaciones armoniosas. No significa que no existan aprendizajes que realizar y ajustes necesarios en una relación, pero serán comprendidos, vividos en paz y aprovechados para consolidarla en lugar de debilitarla. Si no, el ego cobra fuerzas y domina dividiendo, compitiendo, culpando y atacando. Ya sabes cómo actúa alguien muerto de miedo.

Y digo espiritualidad en el sentido de conectarnos con nuestro espíritu, con nosotros mismos, no con un camino espiritual que hago "fuera de mí", asistiendo a algún lugar, siguiendo determinada disciplina sin compromiso interno o tratando de "ser" lo que no soy, escondiéndome detrás de una postura espiritual o religiosa.

Hablo de elegir vivir en paz, ya que de otra manera no podré escuchar a mi espíritu ni distinguir a los miedos. Porque sólo cuando elijo vivir en paz puedo actuar con amor, que es la manifestación del espíritu en mi. Y si estoy conectado con el amor, nada puede verse desde los ojos del caos.

Primero elijo estar en paz (sí, es una decisión personal y nosotros tenemos el control para decidir cambiar del caos y el drama a la paz). Desde la paz puedo reconocer lo que realmente está ocurriendo y lo que de verdad quiero pensar, hacer o decir. Y allí es cuando el amor entra en acción, purificando el miedo en mí y en todas mis percepciones.

೧೦

Esto debemos tenerlo muy claro: sólo el amor sana. Y para experimentarlo necesitamos estar en paz. Y la paz es una decisión personal.

೧೦

Creo que el sentido común juega un rol determinante en nuestra conexión con el amor. *Sucede que por tratar de ser amorosos, ponemos unos estándares que son ideales para los otros, para los libros que leímos, para los manuales, pero no para nosotros en ese determinado momento en que tratamos de ser amorosos. Por eso nos perdemos en el intento.*

El amor es una energía que debemos contactar, que debemos activar, que está en nosotros y que la reconocemos cuando la usamos, cuando AMAMOS. Si no amo, no puedo experimentar el amor por más que lea de él, que escuche de él, que haga planes sobre él...

Como es una energía viva, no tiene forma. Le hemos dado formas y colores, pero sigue siendo una energía que toma la forma que necesitemos darle en cada momento. Por eso, seamos libres de darle la forma que sea, la que elijamos, la que sea más cómoda, mientras nos sintamos en paz.

Clave de apoyo

Cuando quieras purificar tus pensamientos de miedo hacia ti mismo u otra persona, lo único que logrará este cometido es el amor. Pero no te quedes en las formas. Elige lo más amoroso que puedes hacer en ese momento. No lo ideal, no lo que "deberías" hacer, sino lo más amoroso para ti en esas circunstancias.

Por ejemplo, alejarse de una persona no es una forma amorosa de relacionarse. Pero si tenemos una relación conflictiva y no podemos ver al otro con compasión, no podemos dejar de enjuiciar y al verlo se despiertan todos los miedos, lo más amoroso para esa persona, en este momento, es tomar distancia. Al hacerlo, he comenzado a sanar su mente y esa relación. Y al ir sanando, podrá tener actitudes más amorosas con esa persona. Si hubiera tratado de ser lo que creyó, leyó o pensó que era más amoroso, pero no le traía paz, hubiera estado simulando el amor. Y si no hay amor verdadero, no hay sanación.

No le preguntes a tu ego qué es lo más amoroso, esa decisión está en tu corazón, donde reside la energía

del amor. Por eso, haz solamente aquello que te trai-
ga paz y en ese momento estarás aliviando la energía
de tus miedos y dejando paso a que el amor vuelva a
ocupar su lugar. Tenlo siempre presente: Sólo el amor
libera el miedo. Y al amor lo activo amando. Y amo
al responderme honestamente a esta pregunta: Esto
que voy a hacer ¿es lo más amoroso que puedo hacer
en este momento? Si la respuesta te trae paz, aunque
no luzca lo ideal, es lo suficiente, lo perfecto y necesario para ti, en ese momento.

Mantenernos atentos el mayor tiempo posible hará que podamos elegir ser amorosos ante cualquier otra tentación de ego. Atentos de lo que estamos haciendo, de lo que decimos, pero especialmente de cómo nos sentimos con lo que hacemos o decimos.

Una y otra vez debemos estar observándonos. Lo que estamos pensando, haciendo y diciendo. Si lo hacemos cotidianamente, no nos resultará difícil poder decidirnos por una actitud más amorosa que la que hayamos tenido. Es una tarea que requiere disciplina. Y la disciplina se logra con voluntad. Y la voluntad se fortalece cuando tenemos un claro deseo de vivir en paz.

Cada relación que establecemos, de la forma o importancia que tengan, pueden darnos energía o llevársela. Esto depende de la intención con que lleguemos a ella.

Si venimos a pedir pero no estamos dispuestos a dar, nos debilitamos. Pero si estamos dispuestos a dar y no sólo a pedir, cuando damos, nos fortalecemos.

৩

El mundo del ego es un mundo patas arriba. Al dar, tenemos. Y al pedir, lo perdemos.

৩

Es muy importante hacer las paces con nosotros mismos antes de decidir tener paz con el mundo alrededor. *Cuando miro el mundo alrededor, antes me he mirado y decidido lo que quiero ver de los demás en base a lo que he visto de mí.* Y si aún estoy enojado o incomodo con una parte de mí –de mi personalidad o de mi historia de vida– inmediatamente proyectaré ese enojo en el mundo. Por eso, cuando algo me moleste, debería volver la mirada a mí y hacer las paces para liberarme, y así liberar a quien tenga frente a mí.

Clave de apoyo

Revisa tu historia personal y mira como te sientes con lo que recuerdas. Igualmente, observa tu personalidad y presta atención a lo que no te gusta de ti. Reconcíliate con cada aspecto que hayas dejado a oscuras y cuando lo ilumines, esa luz, por poca que sea, te dejará ver que lo que te molestaba de los demás, no era sino la proyección de esa sombra.

La luz llega con el amor. Para que haya amor, debes dejar de alimentar el miedo. Y el miedo se debilita cuando dejas de enjuiciar.

Mientras menos te critiques, más amor tendrás por ti mismo. Y mientras más amor tengas por ti, más tolerante y compasivo serás en tus relaciones.

Unas de las tantas lecciones de *Un curso de Milagros* dice que nunca estamos enojados por la razón que creemos. *La verdadera razón de nuestros enojos, aunque aparentemente sea una determinada situación, lo que alguien nos dijo o lo que sucedió, es que hemos tocado una herida interior, un recuerdo doloroso del pasado, un pensamiento de miedo que ha ido creciendo en nuestra mente y que duele en el corazón.*

Cuando tenemos un pendiente del pasado, lo seguimos proyectando una y otra vez en las situaciones del presente. Esto nos impide ver lo que realmente está sucediendo y usamos lo que vivimos para recrear lo que todavía nos duele. Y duele, no porque hoy sea doloroso, sino porque lo seguimos sosteniendo en nuestra mente.

Llevamos una gran bolsa de recuerdos que seguimos alimentando hoy, ahora mismo, con lo que decimos, hacemos o seguimos pensando. ¿Cómo podríamos amar con esta carga? Si es que apenas podemos respirar…

꿍

Por eso, cuando nos encontremos en algún acontecimiento de dolor que creemos ha sido

provocado por alguien o algo, cerremos los ojos
y busquemos la verdadera razón que está en
nosotros.

ری

Y aprovechemos esa oportunidad para liberarlo de una vez
por todas.

Perdonando, perdonándonos.

Al tomar responsabilidad por nuestras proyecciones podemos dejar al descubierto una de las mentiras más fuertes de nuestro ego: ¡que somos víctimas! Víctimas de alguien, de algo, del mundo. Pero alguien cometió un error y nosotros estamos pagando por ello.

Ese pensamiento de víctima nos nubla y vemos al mundo peligroso, indeseable y amenazante. Y es que lo que tememos fuera de nosotros es el reflejo del miedo que seguimos alimentando adentro.

Si fui herido por los hombres, soy víctima de los hombres –especialmente si el que siento que me hirió fue mi padre–. Si fue mi madre u otra mujer, será de las mujeres de quienes debo protegerme. Y así vamos tejiendo el drama que termina por atraparnos.

Si no salimos del rol de víctima, lo que nos espera es una relación tormentosa, de la que tendré que estar defendiéndome, anticipándome a los ataques y poniendo muchos límites para garantizar que no abusen de mí.

ᘓᘐ

Pero cuando puedo darme cuenta que es mi proyección la que recibo del otro, cuando abro más grande los ojos y permito verme a mí mismo en eso que tanto me molesta, en ese momento me libero de mis miedos y el mundo, dentro y fuera, recobro la paz.

ᴏ⁄ᴐ

Darnos cuenta que la película es nuestra es la calma después de la tormenta. Agradeces la tormenta y disfrutas la brisa suave y fresca que ahora respiras.

Muchos de los conflictos cotidianos nacieron cuando asumimos algo de la otra persona o cuando tuvimos una determinada expectativa.

En la versión egoísta de las relaciones, creemos que el amor ocurre cuando las expectativas que tenemos de la otra persona se cumplen y lo que hemos asumido se hace realidad. Obviamente, como esto es imposible, la relación termina en conflicto y frustración.

Claro está que todos tenemos, en alguna medida, expectativas. E igualmente asumimos características de los demás. Quizás no podemos renunciar a ellas, pero si podemos hacernos conscientes que son sólo eso: asunciones y expectativas.

Cuando nos damos cuenta de esto, le quitamos a la relación la presión que ejerce el tratar de sostener una imagen, propia o del otro, que tarde y temprano caerá.

Llamamos relaciones a las más importantes de nuestra vida, las de pareja, la de familia, los amigos y el trabajo. *Pero debemos ser conscientes que cada encuentro que tenemos, con cada persona que cruzamos nuestra energía, estamos posiblemente modificando la nuestra y la del otro. Por eso, todos los encuentros tienen valor.*

Quizás hay cosas de mí que no puedo ofrecerla en mi familia, como la tolerancia, pero la tengo con alguien que ocasionalmente cruzo en una tienda. O al revés. Cada persona con la que comparto un momento de mi vida, es una oportunidad de verme, de dar lo mejor de mí o proyectar mis miedos.

Igualmente estamos afectando a las otras personas con nuestra presencia.

Quizás nos encontremos con alguien que no se ha permitido recibir amor en su círculo familiar, pero una palabra amorosa de nuestra parte en un encuentro ocasional, en el tren, en el trabajo o en una reunión social, puede despertarle el recuerdo de quien realmente es.

Sucede también con los animales. Ellos nos sirven de espejo para los miedos y el amor. Si pudiéramos observarnos en relación con ellos estoy seguro que no demoraríamos en ver lo que estamos proyectando. Tanto sea dolor o compasión, miedo o amor.

❦

Todo el tiempo, con todas las personas, en cada encuentro, tenemos la oportunidad de sanarnos ofreciendo amor.

❦

El perdón parece ser una materia pendiente en la humanidad en general y posiblemente en nuestra vida. Mientras haya alguien que nos incomode, que nos disguste o que simplemente evitemos, aún tenemos espacio para liberar miedo y dejar crecer la energía del amor.

Creo que lo más importante en el proceso de perdonar es darnos el tiempo. No creo que fracasemos porque no sabemos perdonar, porque no tenemos voluntad o nos guste sentir el dolor. Fallamos porque pretendemos pasar del miedo al amor de un día para otro. Y éste es un proceso que toma su tiempo. Cada vez menos tiempo, pero necesitamos ir poco a poco.

Clave de apoyo

Para guiarnos en el proceso del perdón, podemos tener en cuenta estos pasos que nos llevarán de la mano.

- Ante todo, debe haber un claro y honesto deseo de estar en paz. Si no, acomodaremos nuestra mente a otros pensamientos, pero no necesariamente la liberaremos del miedo. Nos rendimos cuando deseamos con todo nuestro ser estar en paz.

- Tomamos responsabilidad reconociendo que no somos víctimas de la situación, sino que somos parte de lo que nos incomoda. Que somos causa y no efecto. Son nuestros pensamientos y nuestra historia personal lo que han provocado la situación que nos disgusta o que han atraído la persona que nos desagrada.

- Renunciamos a seguir defendiéndonos. Si lo hacemos, continuaremos el juego de culpa y ataque de ambos egos en conflicto. Hagamos silencio, demos media vuelta o, si estamos listos, demos un abrazo. Pero asegurémonos soltar los juicios y renunciar al juego.

- Observemos los pensamientos de miedo. Quizás no se detengan tan rápidamente, pero seamos cuidadosos de no repetirlos y darles fuerza.

- Mantengamos la disciplina de seguir eligiendo pensamientos amorosos, dándonos el tiempo para lograrlo. Ser más compasivo con nosotros mismos también nos ayudará a abrir el corazón para los otros.

- Mantengamos la atención sobre nuestra persona y nadie más. Si esperamos cambios del otro, estaremos simplemente manipulando la situación para sentirnos más cómodos y aliviar nuestro dolor, sin garantías de sanar. Entendamos que al perdonar a los otros, sanamos nosotros.

- Una vez que hayamos hecho todo lo posible, soltemos el control. La liberación del miedo termina en nuestro corazón, cuando la mente deja de intervenir. Si controlamos el proceso, no saldremos de él. Hagamos lo que tengamos que hacer y esperemos. El último paso está en manos de Dios.

Separar a las personas de lo que hacen nos ayuda a no caer en el ataque personal. Cuando tenemos que observar a alguien que está haciendo o diciendo algo que nos incomoda, además de buscar en nosotros que es lo que está generando lo que sentimos, podemos ayudarnos a descongestionar la energía reconociendo a la persona como alguien puro, pero que está haciendo algo que no lo es.

இ

"Salvar" a una persona de sus actos nos hace más fácil perdonar y finalmente ver el amor reflejado en ella. Al salvarlos, nos salvamos, evitando conectarnos con el miedo.

இ

Ésta es una amorosa manera de corregir a alguien cuando no aprobamos lo que hace: "Reconozco lo maravilloso que eres, pero pienso que tus acciones, en este momento, no lo son"

Comunicar lo que sentimos disminuye el dolor, lo saca a la luz y la luz lo va borrando.

Muchas de nuestras explosiones emocionales son porque hemos venido conteniendo el dolor. No nos permitimos hablar de lo que sentimos por nuestra personalidad, por nuestra postura en la vida, por nuestra invulnerabilidad o por la cultura en que nos hemos desarrollado.

Cuando experimentamos una emoción, lo mejor es darle la bienvenida. Si no la enjuiciamos, la tendencia es que así como llegó, pase, y se lleve la energía que contenía, tanto sea de recuerdos dolorosos o juicios.

Clave de apoyo

Cuando comuniques lo que sientes, es importante encontrar el lugar y la persona que sepan contener tu energía sabiendo diferenciarse de ella, que puedan sostener un pensamiento amoroso sobre ti, sin caer en la tentación de darle fuerza a lo que te duele.

También la naturaleza, donde sea, la montaña, el mar, el patio de una casa o bajo la ducha, son espacios propicios a transformar la energía que liberamos.

Juicios! Ésa es la herramienta del ego para dividir. Las opiniones intransigentes o el fanatismo por un determinado grupo –deportivo, racial, social o político– nos van llenando de barreras y terminamos, tarde o temprano, sufriendo.

No podía ser de otra manera ante la actitud que hemos tomado de separarnos, poniéndonos de un solo lado. Si hay división, no hay amor. Y si no hay amor, no hay bienestar. Y cuando no hay bienestar, tratando de recuperarlo comenzando a convencernos a nosotros mismos primero y al mundo después que nuestros juicios son correctos, buscando tener razón. Y aún cuando nos la dan, aunque aparece un leve alivio, no encontramos la paz porque, sencillamente, el miedo no puede crear lo que es del amor.

Desde el miedo, como nos sentimos vacíos, necesitamos que nos den. Mas afecto, más dinero, mas de algo, pero algo más...

Y cuando recibimos queremos guardar, esconder, atarnos a ello. ¡Al fin nos llegó algo! ¡Cómo compartirlo si podríamos quedarnos sin eso! Ni pensar en darlo otra vez...

Lo cierto es que no podemos recibir con alegría y sin apego lo que creemos que no tenemos. Para recibir en paz, debemos saber que lo que se nos da, ya lo tenemos, no en el plano físico, pero sí en nuestro pensamiento. "Tener" ese pensamiento significa tanto sentirnos merecedores de lo que nos den así como saber que lo que estamos recibiendo no es necesario, que suma, que nos expande y nos hace mejores, más amorosos, pero que nos sentimos igualmente completos sin ello.

Esto vale tanto para lo que tiene forma física como para la atención, el cariño o una palabra. Cuando alguien me da algo que no me siento merecedor –que "no está en mi"– lo rechazo, no lo valoro, lo dejo pasar o simplemente no lo veo.

Recibo lo que me doy, lo que he aceptado dentro de mí, de lo que he liberado mis miedos, lo que tengo sano en mi mente. Por eso sanar mis pensamientos es el paso esencial para abrirme al mundo y recibir lo más amoroso de él.

∽

Cuando lo tengo, lo recibo. Y luego lo comparto. Finalmente lo doy. Lo doy de verdad, sin esperar nada cambio. Ésa en la energía del amor.

Compararnos nos conecta con el miedo, nos detiene. *Cuando me comparo, ya me he enjuiciado como alguien que no tiene suficiente con ser el mismo, que no está seguro, que debe competir, que tiene miedo.*

Y como tengo miedo, lo más probable es que me sienta inferior. O que tenga tanto miedo de sentirme inferior que me creo superior, muy superior. Y como esto no es verdad, el dolor que no puedo sentir al sentirme inferior lo siento con el golpe de la caída de la fantasía que me armé para disimular mi miedo. Sufro cuando se rompe la fantasía o viene alguien y me la rompe.

Si nos comparamos, porque a veces es inevitable hacerlo y porque es un aprendizaje internalizado en nuestra cultura que aprendimos en la casa y en la escuela y que no es sencillo liberar, al menos estemos atentos de que las conclusiones están lejos de ser verdad. No porque no hayamos sido honestos, sino porque simplemente no es verdad que somos más o menos que nadie.

Y, cuando vayamos saliéndonos del juego de las comparaciones, nos daremos cuenta que lo que somos es suficiente para que hagamos, comencemos o decidamos lo que es más amoroso para nosotros en cada momento. No necesitamos más que ser nosotros mismos, con eso alcanza y hasta sobra para compartirlo.

Clave de apoyo

Mantén esta afirmación cerca para cuando te debilites pensando en que no tienes la energía, el conocimiento, el dinero, los contactos, la edad, el cuerpo o las condiciones suficientes para hacer algo:

- "Lo que soy en este momento es suficiente para hacer lo que necesito hacer. Lo reconoceré poniéndome en marcha"

- Ni bien des el primer paso, podrás experimentar que es verdad. Luego, si hubiera alguien más que podría apoyarte, no tengas dudas que lo atraerás.

- Cuando renuncias a esperar ayuda y te animas a lanzarte, el universo entero se despliega apoyándote.

En nuestra necesidad de sentirnos seguros, comenzamos a controlar a los demás. De hecho, cuando en una relación ambos estamos atrapados en la energía del miedo, hasta necesitamos sentir ese control para asegurarnos que la otra persona está dándonos su atención. Los celos, la posesión y el "pertenecer" al otro no hacen sino disfrazar el miedo en una relación.

La culpa, el sexo y el dinero suelen ser las tres patas que sostienen este juego de control. Especialmente la culpa, ya que cuando nos sentimos desamparados buscamos poner la responsabilidad en alguien. En esta dinámica, el que se siente menos culpable hace del otro su víctima. Y mientras se permitan sostener el miedo, ambos sufrirán. Pero de todas maneras seguirán el juego porque se habrá convertido en la creencia de que la relación se sostiene de esa manera. Y mientras trato de tenerte más cerca, nos sentimos cada vez más lejos... ¡por eso sufrimos!

Éste no es un juego que debemos analizar, sino deshacernos de él. *En el momento en que renunciamos a manipular o controlar a los otros, recuperamos la libertad y el amor por nosotros mismos.* El que luego podemos ofrecer a los demás, pero sin necesidad de negociarlo.

A veces, todo fluye con más facilidad en una relación hasta que llegamos a la intimidad. No sólo de mostramos desnudos frente a la otra persona, sino de que al desnudarnos, tanto de cuerpo como de alma, dejemos ver nuestras partes ocultas, las que hemos escondido porque pensamos que si las mostramos, nos dejarán de querer.

ღ

Cuando tengamos miedo de ser rechazados y escapemos de la intimidad, la de abrir nuestra vida con sinceridad a los otros, mostrando lo que nos gusta y especialmente nuestros pendientes, volvamos la atención a nosotros y preguntémonos ¿Qué hay de mí que me avergüenza, me duele o no está bien?

ღ

Y construyamos primero un espacio de intimidad con nosotros mismos. Este encuentro íntimo con nosotros pondrá las cosas en su lugar y podremos decidir que pensamientos en forma de complejos o autocritica queremos dejar ir.

Y cuando los dejemos ir, siendo más amables, compasivos y tolerantes con nosotros mismos, el miedo a intimar con otra persona se desvanecerá.

Para disfrutar de la intimidad, primero comienza contigo y luego con los demás.

Definitivamente, estamos transitando grandes cambios en las formas conocidas en este planeta y uno de ellos está en la forma de relacionarnos. De una u otra manera, estamos siendo llevados de la mano a priorizar ser amorosos con nosotros mismos y el mundo que nos rodea. Y en ese proceso debemos purificar el miedo que hemos ido sosteniendo a lo largo de nuestra vida. De ésta y otras vidas.

Como conclusión, quiero que mantengamos con claridad estos pensamientos, pues en ellos se basa nuestra sanación y, en consecuencia, la de nuestras relaciones.

- *La única manera de borrar el miedo en con amor.* Por eso antes de cada decisión me preguntaré: ¿es esto lo más amoroso que puedo hacer? Si es así, te sentirás en paz. Y sólo si te sientes en paz, hazlo.

- *Primero, ocúpate de ti.* Hasta que no te relaciones con el amor en tus aspectos personales, no podrás reconocer el amor que te dan ni tampoco podrás darlo. Si no puedes salir del miedo, entonces proyecta tu amor hacia otra persona a través de la compasión o la aceptación. Cuando lo hagas, podrás reconocer el amor que está en ti.

- *En cada decisión está en juego tu paz.*

- *No eres víctima del mundo,* sino que conviertes al mundo en tu aparente víctima porque lo usas para proyectar los miedos. *El mundo está en ti.*

- *No puedes conectarte al amor si te envuelves en los juegos del miedo.* Culpa, ataque, competencia, comparaciones y juicios te alejan del amor.

- *El perdón te regresa al amor.* Perdona poniendo toda tu voluntad en hacerlo pero respetando los tiempos propios y ajenos.

- *Contigo mismo tienes suficiente para realizar el cambio que necesitas.* Luego, si es necesario, llegarán los apoyos. Pero el primer paso es tuyo.

- *Ni el miedo más grande se resiste a una leve brisa de amor.*

Tu tarea no es ir en busca del amor, sino simplemente buscar y encontrar todas las barreras dentro de ti.

UN CURSO DE MILAGROS

Acerca del autor

Julio Bevione es comunicador y autor de libros de espiritualidad. Nació en 1972 en Córdoba (Argentina) y desde 1997 radica en Estados Unidos.

Ha trabajado desde hace más de una década en la investigación de nuevos métodos y prácticas espirituales, buscando una explicación concreta a temas que sólo habían sido tratados por la filosofía o la religión. En esta búsqueda, encuentra en la psicología espiritual las respuestas que expone en sus libros y seminarios.

Participa de programas de radio y televisión en Estados Unidos y Latinoamérica. Es autor de *Vivir en la Zona. Regresa al lugar al que perteneces*; *Abundancia. Vivir sin miedos*; *Aceptación. Vivir en paz* y *Relaciones. Vivir en armonía*.

Es editor de la revista *Ser saludable* con base en la ciudad de Nueva York y columnista de la revista *Selecciones del Reader's Digest* para sus ediciones en español (México, España, Centro y Sudamérica).

Julio Bevione realiza los seminarios de Vivir en la Zona con grupos de toda Latinoamérica.

Si desea organizar uno en su ciudad o cualquier información referente a los seminarios, escriba a:

info@vivirenlazona.com

Si desea contactar al autor, puede hacerlo a:

julio@vivirenlazona.com

Visite el sitio de Internet www.vivirenlazona.com

El contenido de este libro está basado en los seminarios de Julio Bevione. Están compiladas las citas de temas referidos a relaciones que se han tratado en sus presentaciones en Latinoamérica y Estados Unidos.

Este libro es parte de la colección *"En la Zona"*

Vivir en la Zona. Regresa al lugar al que perteneces
Aceptación. Vivir en paz
Abundancia. Vivir sin miedos
Relaciones. Vivir en armonía

Esta obra se terminó de imprimir
en marzo de 2012, en los Talleres de

IREMA, S.A. de C.V.
Oculistas No. 43, Col. Sifón
09400, Iztapalapa, D.F.